Ilka Sokolowski • Janine Czichy

Wildes Leben auf der Wiese

GERSTENBERG

1. Auflage 2022

Text: Ilka Sokolowski, Hannover
Illustrationen: Janine Czichy, Hamburg
Fachliche Durchsicht: Inge Steidl, Freising
Druck: TBB, a. s., Banská Bystrica
Printed in the Slovak Republic

www.gerstenberg-verlag.de
ISBN 978-3-8369-6125-7

Vorwort

Barfuß durchs Gras laufen, Fangen spielen, auf dem Rücken liegen und die Wolken beobachten – ein grüner Rasen eignet sich für viele schöne Dinge. Kurz gemähte Grashalme sind allerdings nicht das Gleiche wie eine naturnahe Wiese. Nur dort wimmelt es von wildem Leben! Margeriten, Glockenblumen, Mädesüß und andere Wiesenblumen blühen mit verschiedensten Gräsern um die Wette. Braunkehlchen und Wiesenpieper verstecken ihre Eier auf dem Boden, die Zwergmaus baut ihr kunstvolles Grasnest und Insekten schwirren von Blüte zu Blüte. Käfer, Spinnen, Wildbienen, Schmetterlinge: Sie alle brauchen ganz bestimmte Wiesenpflanzen zum Überleben.

Die meisten Wiesen sind durch regelmäßige Mahd oder Beweidung entstanden. Ohne Nutzung werden blumenbunte Wiesen mit der Zeit zu Wald und Buschland und viele Lebensräume der typischen Wiesenbewohner verschwinden. Viele Blumenwiesen sind Magerwiesen, die nicht gedüngt werden, denn Wildblumen kommen mit viel weniger Nährstoffen aus als hochgezüchtete Zierpflanzen oder ein Rasen fürs Fußballspielen. Auf Feuchtwiesen wachsen andere Pflanzen als auf Almwiesen, deshalb finden sich dort auch andere Tiere ein. Der Storch ist ein häufiger Gast auf Feuchtwiesen. Löwenzahnübersäte Viehweiden sind typische Fettwiesen; hier wachsen weniger Blumen und Kräuter, dennoch ist der Tisch für viele Tiere reich gedeckt. Selbst unter der Erde spielt sich das wilde Leben ab, denn Maulwurf und Wühlmaus haben hier ihr Revier. Blühstreifen am Feldrand werden extra ausgesät und sind in einer Landschaft aus intensiv bewirtschafteten Feldern, auf denen nichts als Mais oder Zuckerrüben wächst, eine Zuflucht für viele Tiere. Besonders spannend wird es in der Streuobstwiese: Wo sonst hast du die Chance, nicht nur den Steinkauz und den Siebenschläfer, sondern mit etwas Glück auch Fledermäuse zu entdecken?

Einige der wichtigsten Wiesentypen lernst du in diesem Buch kennen. Im Anhang findest du Tipps, wie du selbst eine Blumenwiese anlegen kannst. Sogar in Töpfen auf dem Balkon! Das Register auf Seite 62 hilft dir, Tier- und Pflanzenarten im Buch leichter zu finden.

Zum Schluss noch ein Hinweis: Natürliche Wiesen werden nur ein- oder zweimal im Jahr gemäht. Manchmal ist das Betreten verboten, zum Beispiel, um bodenbrütende Vögel zu schützen. Am besten ist es, wenn du deinen Beobachtungsposten am Wiesenrand aufschlägst. Nimm Lupe und Fernglas mit und lass dir Zeit – dann offenbart dir die Wiese ihre Geheimnisse und du erlebst das faszinierende Miteinander von Blumen, Gräsern und Tieren. Viel Spaß dabei!

Die Stockwerke der Wiese

Wenn du über eine Wiese läufst, was siehst du auf den ersten Blick? Verschiedene Gräser wahrscheinlich und auch Blumen. Manchmal springt ein Heupferdchen vor dir weg oder ein Schmetterling gaukelt vorbei. Aber das ist längst nicht alles! Stell dir ein großes Haus vor mit zahlreichen Stockwerken, einem Kellergeschoss und vielen Mietern. So ähnlich ist die Lebensgemeinschaft der Wiese aufgebaut. Beim Blick von oben erkennst du nur das Dach. Um alle Geheimnisse der Wiese zu entdecken, musst du dich bis in den Keller vorwagen – und das machen wir jetzt.

Die Blütenschicht

Die Blüten von Blumen, Kräutern und Gräsern sind lebenswichtig für alle Insekten, die sich von Pollen und Nektar ernähren. Bienen, Hummeln und Schmetterlinge könnten ohne Blütenschicht nicht überleben. Wo sich viele Insekten tummeln, sind aber auch Räuber nicht fern: Spinnen und Käfer lauern zwischen den Blüten auf ihre Opfer, Vögel durchstreifen das Blütenmeer auf der Suche nach Leckerbissen.

Die Krautschicht

Pflanzenstängel, Grashalme und Blattwerk bilden die Krautschicht. Durch die Blütenschicht ist sie vor direkter Sonnenstrahlung geschützt, trotzdem ist es hier heller und trockener als direkt am Boden. Der kleine Dschungel aus Stängeln und Halmen ist der ideale Aufenthaltsort für Heuschrecken und andere Insekten, die Pflanzen fressen oder wie die Blattläuse den süßen Pflanzensaft aufsaugen. Und wo sich Blattläuse eingenistet haben, da gibt es auch Marienkäfer und Ameisen. Spinnen wie die Kreuzspinne und die Wespenspinne weben ihre Netze zwischen den Halmen und hoffen, dass sich kleine Insekten darin verfangen. An geschützten Stellen in der Krautschicht legen Schmetterlinge ihre Eier ab. Die Raupen, die daraus schlüpfen, können sich an den Blättern sattfressen, bis sie sich verpuppen.

Die Streuschicht

Ähnlich wie das Laub im Wald die Laubschicht bildet, lagert sich in der Streuschicht der Wiese abgefallenes oder welkes Pflanzenmaterial auf dem Boden ab. Hier ist es schattig und feucht – genau so, wie Schnecken es mögen. Und zwar sowohl solche mit Haus wie die kleine Schnirkelschnecke als auch Nacktschnecken wie die Schwarze Wegschnecke. Laufkäfer wie der schillernde Goldlaufkäfer suchen nach Insekten, unter der Streu verstecken sich Tausendfüßer und Asseln. Ameisen legen ihr weitverzweigtes Wegenetz an, auf dem sie Baustoffe und Beutetiere zu ihrem Nest transportieren. Sogar Vögel finden auf der Streuschicht einen Rückzugsort: Das Braunkehlchen baut sein Nest einfach auf dem Boden.

Die Wurzelschicht

Jetzt sind wir im Kellergeschoss der Wiese. Unter der Erde strecken die Pflanzen ihre Wurzeln aus, um an Nährstoffe und Wasser zu kommen. Hier leben Tiere, die es dunkel mögen. Manche sind so winzig, dass du sie nur unter dem Mikroskop sehen kannst, Bakterien und Rädertierchen zum Beispiel. Milben sind auch mit einer Lupe gut zu erkennen; sie gehören zu den Spinnentieren. Regenwürmer schieben sich durch den Boden und lockern ihn. Käferlarven, die Engerlinge, überwintern unter der Erde und wachsen dort heran. Die Feldgrille hat sich eine Wohnhöhle gegraben. Ihr Nachbar, der Maulwurf, legt weitläufige Gänge an, in denen er Würmer und Larven aufsammelt. Auch die Feldmaus wohnt unter der Erde, sucht aber in der Streuschicht nach Futter.

Außer den Tieren, die fast immer in der Wiese leben, kommen auch viele Besucher vorbei: Wenn es dunkel wird, verlassen Marder und Igel ihre Verstecke. Der Fuchs mag ebenfalls die Dunkelheit, aber er streift auch tagsüber umher. Und irgendwo am Rand bist vielleicht du selbst unterwegs, um die Geheimnisse der Wiese zu entdecken!

Die bunte Blumenwiese: Paradies für Groß und Klein

Hör mal, wie es summt und brummt! Eine Wildblumenwiese zieht viele Tiere magisch an. Emsig fliegen Bienen, Hummeln und Schmetterlinge von Blüte zu Blüte, um den süßen Nektar zu saugen. Dabei tragen sie Blütenstaub weiter und befruchten die Pflanzen. Im Schutz der Halme huscht eine Maus umher. Der Turmfalke am Himmel hat sie noch nicht entdeckt. Auch die Goldammer nutzt den Wiesenwald als Versteck für ihr Nest. Vorsichtig nähert sich ein Reh. Vor fremden Augen gut verborgen, wartet im hohen Gras das Kitz. Wenn du ebenfalls geduldig warten und beobachten kannst, entdeckst du noch weitere Wiesenbewohner. Ihr Nachwuchs hat nur dann eine Chance, wenn die Wiese nicht zu früh gemäht wird.

Die Bienen

Wusstest du, dass unsere Honigbienen ursprünglich von Wildbienen abstammen? Heute sind sie Nutztiere, um die sich Imker kümmern. Wie ihre wilden Verwandten brauchen auch Honigbienen Nektar und Pollen als Nahrung. Im Gegenzug bestäuben sie die Blüten von Blumen, Kräutern, Büschen und Bäumen. Andere Insekten helfen ebenfalls dabei.

Alles für die Königin

Bis zu 50 000 Arbeiterinnen können zu einem Bienenvolk gehören. Den Mittelpunkt bildet die Königin. Sie hat keine andere Aufgabe, als Eier zu produzieren, um die sich dann die Arbeiterinnen kümmern. Die männlichen Bienen, die Drohnen, werden verstoßen, sobald sie die Königin befruchtet haben.

Beobachtungstipp

Schau mal genau hin, wenn eine Biene Pollen sammelt: Ein bisschen Blütenstaub bleibt immer an ihr hängen. An ihren Hinterbeinen befinden sich winzige Vertiefungen, in denen sich der Pollen festsetzt. Das sieht aus, als hätte die Biene ein gelb-oranges Höschen an.

Die Rostrote Mauerbiene erkennst du leicht an ihrer rotbraunen Behaarung.

Die Glockenblumen-Scherenbiene sucht gern Schutz im Kelch einer Glockenblume. Hier übernachtet sie sogar.

Die wilde Verwandtschaft
Mehr als 550 Wildbienenarten leben in Deutschland. Das klingt nach viel, aber fast alle sind bedroht, weil ihr Lebensraum schrumpft und es immer weniger Wildblumen gibt. Die meisten Wildbienen leben als Einzelgänger, sie werden auch als Einsiedlerbienen bezeichnet. Viele legen ihre Eier in hohlen Pflanzenstängeln ab und lassen Pollen als Nahrungsvorrat da. So macht es z. B. die Rostrote Mauerbiene.

Steckbrief
Name: Europäische Honigbiene *(Apis mellifera)*
Größe: Königin 15 bis 18 mm, Drohn bis 16 mm, Arbeiterin bis 13 mm
Aussehen: braun-gelb gestreift, dicht behaart, Arbeiterinnen mit Giftstachel
Nahrung: Blütenpollen und Nektar

Süße Sache
Der Honig ist als lebenswichtiger Vorrat für den Winter gedacht, wenn es draußen keine Blüten gibt. Deshalb nimmt der Imker nie die gesamte Menge aus dem Stock. Um 100 Gramm von der süßen Speise zu produzieren, müssen die Bienen etwa eine Million Blüten anfliegen!

Sechs Ecken
Aus Wachs, das die Arbeiterinnen selbst herstellen, bauen sie sechseckige Waben. Darin wachsen die Larven heran, die aus den Eiern schlüpfen. Die Waben dienen auch als Vorratskammern für den Honig, den die Bienen aus Nektar und Pollen machen.

Auch Hummeln sind Wildbienen. Die Dunkle Erdhummel legt ihr Nest unter der Erde an.

Das Mauswiesel

Stell dir vor, du liegst im Gras vor einem Mauseloch auf der Lauer. Doch das Tier, das da plötzlich seinen Kopf aus der Erde schiebt, sieht irgendwie nicht nach Maus aus: Braunes Fell, eng anliegende Ohren, weiße Brust – du hast ein Mauswiesel entdeckt! Kurz schaut es sich um, bevor es mit ein paar raschen Sprüngen zum nächsten Loch flitzt und wieder verschwindet.

Mini-Marder

Wo es Mäuse gibt, ist das Mauswiesel nicht fern. Das kleinste Raubtier der Welt gehört zur Familie der Marder, wird aber selbst nicht viel größer als seine Lieblingsspeise. Ein ausgewachsenes Mauswiesel wiegt so viel wie ein Päckchen Butter – gerade mal 250 Gramm. Dank seines schmalen Körpers kann es mühelos in Mäusebaue eindringen.

Steckbrief

Name: Mauswiesel *(Mustela nivalis)*
Größe: Körperlänge 12 bis 25 cm, Schwanzlänge bis 8 cm
Aussehen: braunes Fell, Körperunterseite weiß
Nahrung: Wühlmäuse, kleine Vögel, Vogeleier, Insekten

Schnell weg!

Auch das Mauswiesel hat Feinde. Füchse, andere Marder, Eulen und Greifvögel wie der Turmfalke stellen ihm nach. Da ist es von Vorteil, wenn das Revier viele Mauselöcher zu bieten hat: Bei Gefahr ist das Mauswiesel ruck, zuck unter der Erde verschwunden.

Der Turmfalke erbeutet nicht nur Mäuse im Sturzflug, er jagt auch Mauswiesel. Sein Nest legt er gern in der Höhe an, z. B. in Kirchtürmen.

Beobachtungstipp
Das Mauswiesel nimmt vor allem Bewegungen wahr. Verhalte dich also still, dann kommt es dir vielleicht ganz nah. Mauswiesel halten sich auf Wiesen, im Feld, am Waldrand und sogar in naturnahen Gärten auf.

Auf der Pirsch
Wie Mäuse bewegen sich Mauswiesel oberirdisch auf regelrechten Trampelpfaden durch ihr Revier. Ihr scharfes Gehör verrät ihnen, wo gerade einer der kleinen Nager entlanghuscht.

Wieselnachwuchs
Zweimal im Jahr kann das Weibchen Junge bekommen. Die Nestkammer liegt in einem alten Wühlmaus- oder Maulwurfsgang. Sie wird mit Fellbüscheln und Federn weich ausgepolstert. Nach einer Tragzeit von sechs bis zwölf Wochen kommen bis zu neun Junge zur Welt; meist sind es weniger.

Leichtgewichte
Die winzigen Jungen wiegen gerade mal eineinhalb Gramm – weniger als ein Gummibärchen. Sie haben schon ein kurzes Fell, ihre Augen öffnen sie aber erst nach einem Monat. Acht Wochen lang werden sie von der Mutter gesäugt. Dann müssen sie rasch selbstständig werden und sich ein eigenes Wieselrevier suchen.

Insekten und Spinnentiere
Was summt und brummt denn da?

Stell dir einen Dschungel aus gewaltigen Bäumen mit Blättern und Blüten vor, die größer sind als du selbst: Ungefähr so ist die Wiese für Insekten, Käfer und Schmetterlinge. Eine abenteuerliche Welt! Bei Gefahr schnellt der Grashüpfer mit Riesensprüngen davon. Der Marienkäfer ist kein Flugkünstler, er schafft nur kurze Strecken. Spinnen dagegen lauern in der Nähe ihres Netzes. Entdeckst du noch mehr kleine Wiesenbewohner?

Die Kreuzspinne trägt eine kreuzartige Zeichnung auf dem Rücken.

Die Veränderliche Krabbenspinne
Die Krabbenspinne jagt ohne Netz. Sie lauert auf einer Blüte, bis ein Insekt in ihre Reichweite kommt. Dann packt sie blitzschnell zu. Die Weibchen der Veränderlichen Krabbenspinnen können ihre Farbe ihrer Umgebung anpassen: gelblich oder weiß je nach Blüte, grün auf Blattwerk. Daher auch ihr Name!

Steckbrief
Name: Veränderliche Krabbenspinne *(Misumena vatia)*
Größe: Männchen bis 4 mm Körperlänge, Weibchen bis 10 mm
Aussehen: Weibchen gelb, grün oder weiß, Männchen mit dunklem Vorderkörper und hellem Hinterleib
Nahrung: Insekten

Der Gemeine Grashüpfer gehört zu den Kurzfühlerschrecken.

Beobachtungstipp
Mit einer Lupe kannst du herausfinden, wie Blattläuse aus der Nähe aussehen oder ob der Grashüpfer einen bohrerähnlichen Anhang am Hinterleib hat: Falls ja, handelt es sich um ein Weibchen. Mit dem Legebohrer bohrt es ein Loch in die Erde und legt seine Eier hinein.

Der Schachbrettfalter
Schmetterlinge legen ihre Eier an bestimmten Pflanzen ab, die den Raupen nach dem Schlüpfen Futter bieten. Der Kleine Fuchs und viele andere Tagfalter bevorzugen Brennnesseln. Die Raupe des Schachbrettfalters dagegen lebt an Gräsern. Dort bleibt sie, bis sie sich verpuppt. Für sie ist es deshalb besonders wichtig, dass die Wiese nicht zu früh gemäht wird!
In der Puppenhülle wächst der Schachbrettfalter zu seiner endgültigen Gestalt heran. Wenn der hübsche Tagfalter schlüpft, hat er eine Flügelspannweite von bis zu fünf Zentimetern. Zum Nektartrinken fliegt er auf Disteln und Skabiosen.

eckbrief
ame: Schachbrettfalter *(Melanargia galathea)*
röße: 3,5 bis 5 cm Flügelspannweite
ussehen: schwarz-weiße Musterung, die an
n Schachbrett erinnnert
ahrung: Süßgräser für die Raupen, Blüten-
ektar für die Falter

Wiesengäste

Eine Wiese verändert sich ständig. Blumen und Kräuter wachsen, blühen und vergehen, Gräser sprießen und bilden Samen. Viele Tiere sind nur vorübergehend zu Gast, während sie ihren Nachwuchs großziehen. Nimm Rücksicht: Auch vom Wegrand aus kannst du Tiere beobachten – und es besteht keine Gefahr, dass du aus Versehen auf das Nest der Goldammer trittst!

Die Wiesenschaumzikade
Hat da etwa jemand in die Wiese gespuckt? Hier und da kleben Schaumkleckse an den Pflanzenstängeln. Sie werden auch Kuckucksspucke genannt. Der Kuckuck hat damit aber gar nichts zu tun: Es sind die Schaumnester von Wiesenschaumzikaden. Im Schaum wachsen die Larven heran. Bereits im Herbst hat das Zikadenweibchen seine Eier in kleinen Ritzen von Pflanzenstängeln abgelegt. Den Schaum produziert die Larve selbst, sobald sie aus dem Ei geschlüpft ist.

Die Goldammer
Aus Halmen und Blättern errichtet die Goldammer ihr Nest. Manchmal sucht sie sich dafür einen Platz in niedrigen Sträuchern, oft baut sie es auch direkt am Boden. Vier bis fünf Eier legt das Weibchen hinein. Nach nur zwei Wochen Brutzeit schlüpfen die kleinen Ammern. Dann dauert es noch einmal genauso lang, bis sie das Nest verlassen. Bald darauf sind sie schon selbstständig.

Steckbrief
Name: Wiesenschaumzikade *(Philaenus spumarius)*
Größe: 5 bis 7 mm, Weibchen etwas größer als Männchen
Aussehen: vielfältig gemustert in Braun-, Grau-, Rot- und Schwarztönen; breiter Körper mit Flügeln
Nahrung: süßer Pflanzensaft von Gräsern, Wildblumen und Kräutern

Beobachtungstipp
Schau dir nach einem Regenschauer die Kuckucksspucke noch einmal genauer an: Sie ist nahezu unverändert, denn der Schaum ist sogar regenfest!

Steckbrief
Name: Europäisches Reh *(Capreolus capreolus)*
Größe: bis 1,20 Meter Körperlänge
Aussehen: rotbraun, im Winter graubraun, Rehböcke tragen ein Gehörn
Nahrung: Gräser, Kräuter, zarte Blätter, im Winter Baumrinde

Das Reh
Wusstest du, dass Rehe zu den Hirschen gehören? Unsere kleinste Hirschart lebt nicht nur im Wald. Wenn es in der Nähe Deckung gibt, halten sich Rehe auch auf Wiesen und Feldern auf. Die Ricke, das Weibchen, bringt ihr Kitz in einem Versteck zur Welt. Sie kommt regelmäßig, um es zu säugen. Still und unauffällig liegt das Kleine im hohen Gras – so ist es vor Feinden geschützt.

Steckbrief
Name: Goldammer *(Emberiza citrinella)*
Größe: bis 16,5 cm lang
Aussehen: Männchen goldgelb gefiedert, Rücken dunkel gestreift; Weibchen insgesamt heller und unauffälliger
Nahrung: Insekten und Samen

Gartenlaubkäfer

Hast du schon den Zilpzalp gehört? Kleiner Tipp: Er ruft seinen eigenen Namen!

Die Almwiese: Im Schatten der Berge

Schroffe Felsen und Geröll – so ein Gebirge wirkt wie eine Welt aus Stein. Aber das täuscht! Auch in den Bergen gibt es Wiesen mit Blumen, Gräsern und Kräutern. Oberhalb der Baumgrenze, auf den alpinen Rasen – echten „wilden Wiesen" –, tummeln sich Murmeltiere. Gämsen verlassen die Felshänge, um Kräuter und Triebe von Sträuchern zu fressen. Hier wächst der Gelbe Enzian, eine uralte Heilpflanze. Schmetterlinge wie das Blutströpfchen gaukeln umher und legen ihre Eier am Alpenklee ab. Im Sommer ist von den Almen das Läuten von Kuhglocken zu hören. Kühe halten die Almwiesen durch regelmäßiges Weiden offen. So helfen wir Menschen mit, diesen wertvollen Lebensraum zu erhalten, denn ohne Weidewirtschaft würde sich nach und nach der Bergwald ausbreiten und die Wiesen verdrängen.

Das Alpenmurmeltier

Ein gellender Pfiff zerreißt die Stille auf der Bergwiese: Achtung, Steinadler! Das Murmeltier hat aufgepasst und warnt seine Artgenossen vor der Gefahr. Blitzschnell verschwinden alle im Bau. Erst als der Greifvogel weitergezogen ist, wagen sie sich wieder hervor, um sich erneut ihrer wichtigsten Beschäftigung zu widmen: fressen, fressen, fressen!

Steckbrief
Name: Alpenmurmeltier *(Marmota marmota)*
Größe: 40 bis 60 cm lang, Schwanzlänge etwa 10 cm
Aussehen: gedrungener Körper mit kräftigen Grabpfoten, Vorderpfoten mit vier Zehen, Hinterpfoten mit fünf Zehen; graubraunes Fell, dicht und kurz
Nahrung: Gräser, Blumen, Kräuter, im Frühjahr auch Wurzeln

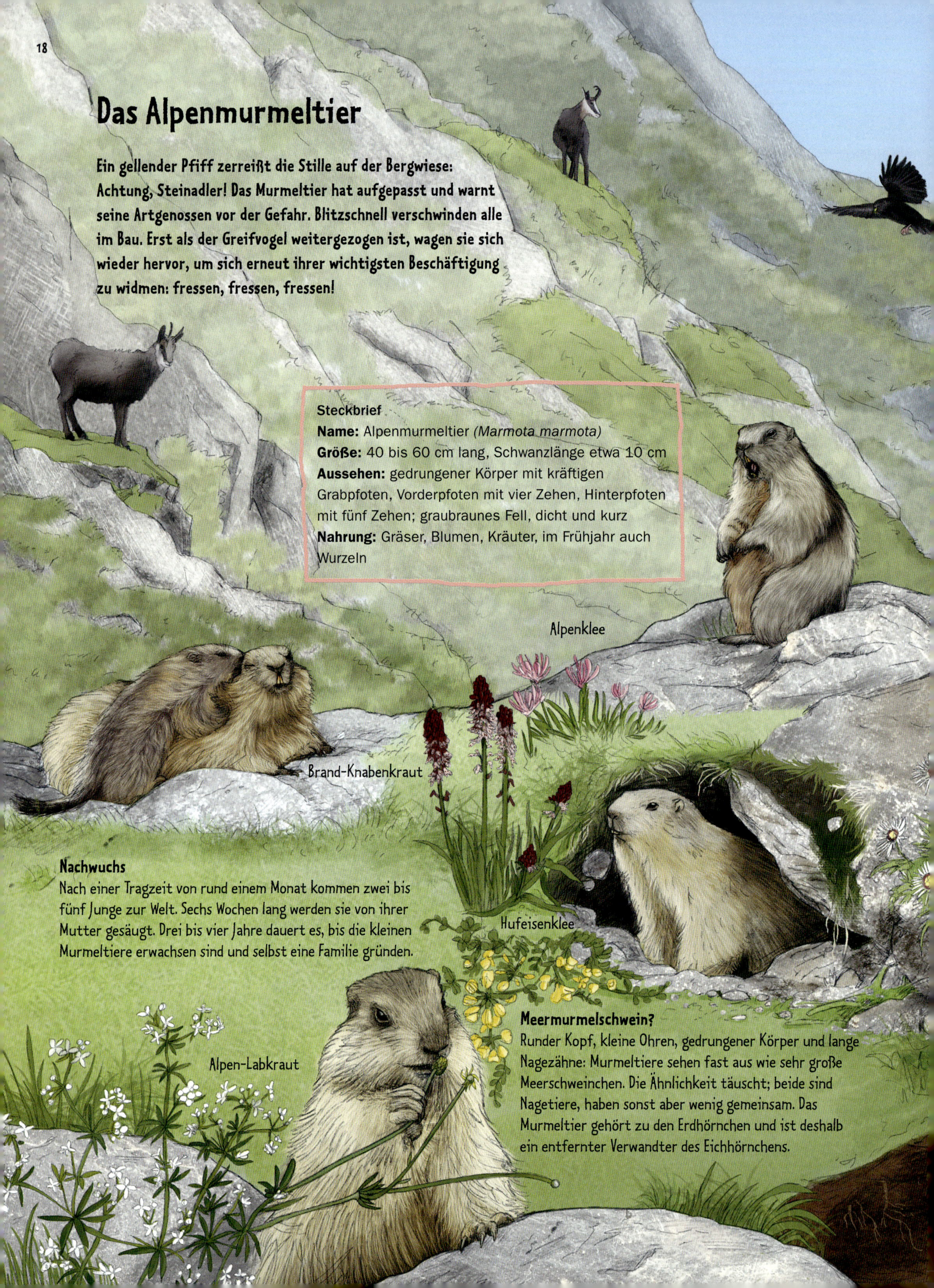

Nachwuchs
Nach einer Tragzeit von rund einem Monat kommen zwei bis fünf Junge zur Welt. Sechs Wochen lang werden sie von ihrer Mutter gesäugt. Drei bis vier Jahre dauert es, bis die kleinen Murmeltiere erwachsen sind und selbst eine Familie gründen.

Meermurmelschwein?
Runder Kopf, kleine Ohren, gedrungener Körper und lange Nagezähne: Murmeltiere sehen fast aus wie sehr große Meerschweinchen. Die Ähnlichkeit täuscht; beide sind Nagetiere, haben sonst aber wenig gemeinsam. Das Murmeltier gehört zu den Erdhörnchen und ist deshalb ein entfernter Verwandter des Eichhörnchens.

Beobachtungstipp
In der Nähe eines Murmeltierbaus verhalte dich ganz still und bewege dich möglichst nicht, sonst bekommst du kein Tier zu Gesicht! Murmeltiere sind sehr wachsam. Sie geben sofort mit einem schrillen Pfeifen Alarm, wenn etwas Beunruhigendes vor sich geht.

Langschläfer
Ab Oktober heißt es: Winterpause! Bis zum Frühjahr halten die Nager Winterschlaf. Ihre Schlafkammer haben sie schon gegen Ende des Sommers mit duftendem Heu ausgepolstert. Während der langen Wintermonate zehren Murmeltiere nur von der Fettschicht, die sie sich im Sommer angefressen haben.

Großfamilie
Murmeltiere leben in großen Familiengruppen. Eltern und Kinder aus mehreren Jahren teilen sich ein Revier. Aus Murmeltiersicht sind die Südhänge von Bergwiesen eine Top-Adresse: Hier schmilzt der Schnee im Frühjahr am schnellsten, die Erde erwärmt sich und bald sprießen die ersten leckeren Kräuter.

Unter der Erde
Kräftige Pfoten und starke Krallen sind Werkzeuge, mit denen sich gut graben lässt. Bis zu sieben Meter tief wühlen sich Murmeltiere in die Erde! Ihre weitläufigen Baue besitzen mehrere Ein- und Ausgänge, Nestkammern, Gänge, Fluchttunnel und für den Winter sogar Toiletten – kleine Kammern, die nur zu diesem Zweck genutzt werden.

Gipfelstürmer: Schmetterlinge in den Alpen

Obwohl Schmetterlinge so zerbrechlich wirken, wagen sie sich bis ins Hochgebirge. Dank der Blütenvielfalt auf den Bergwiesen können die Falter selbst in Höhen von 3000 Metern überleben! Ganz nebenbei sorgen sie für die Bestäubung, wenn sie zum Nektartrinken von Blüte zu Blüte flattern und dabei Pollen verteilen. Auch die Alpenhummel beteiligt sich an dieser wichtigen Aufgabe.

Das Blutströpfchen oder Sechsfleck-Widderchen

Woher der kleine Schmetterling seine beiden Namen hat, ist leicht zu erkennen: Sechs rote Tupfen sitzen wie Blutstropfen auf jedem der länglichen Flügel, die Hinterflügel sind sogar ganz rot gefärbt. Das Blutströpfchen zählt zur Familie der Widderchen. Seine Eier legt es an Steinen oder Pflanzen ab. Die Raupen, die aus den Eiern schlüpfen, mögen Alpen-Klee, fressen aber auch andere Blumen.

Steckbrief
Name: Blutströpfchen *(Zygaena filipendulae)*
Größe: Flügelspannweite bis 3,5 cm
Aussehen: dunkelgraue Flügel mit je sechs roten Flecken, rote Hinterflügel, Körper schwarz
Nahrung: Raupen fressen Klee und andere Pflanzen, Schmetterlinge saugen Nektar an der Alpen-Kratzdistel und anderen Korbblütlern.

Die Alpenhummel

In den Bergen kann es auch im Frühjahr noch sehr kalt werden – kein Problem für die Alpenhummel, die sogar bei -1 Grad unterwegs ist. Ihr dicht behaarter Körper schützt sie vor der Kälte. Die Königin hat als Einzige ihres Volkes den Winter überlebt und sucht nun nach einem guten Platz für ihr Nest, z. B. in einem verlassenen Mäusebau.

Steckbrief
Name: Alpenhummel *(Bombus alpinus)*
Größe: Königin bis 2,5 cm lang, Arbeiterin bis 1,4 cm lang, Drohn bis 1,6 cm
Aussehen: pelziger Körper, dunkler Vorderleib, Hinterleib rötlich
Nahrung: Pollen und Nektar

Der Admiral ist wie der Distelfalter ein Langstreckenflieger: Er überwintert im Süden und überquert im Frühjahr die Alpen wieder Richtung Norden.

Beobachtungstipp
Wenn dir ein leuchtend orangefarbener Dukatenfalter vor der Nase herumflattert, ist das mit großer Wahrscheinlichkeit ein Männchen. Die Weibchen sind gedämpfter gefärbt und tragen dunkle Flecken auf der Oberseite ihrer Flügel. Entdeckst du eines?

Der Alpenapollo
Wo Gebirgsbäche inmitten blühender Wiesen zu Tal plätschern, fühlt sich einer unserer prächtigsten Schmetterlinge wohl. Wenn du genau hinschaust, erkennst du die schwarz und weiß geringelten Fühler – sie sind typisch für diesen Gebirgsschmetterling. Sein Nachwuchs überwintert im Ei. Erst nach der Schneeschmelze im Frühjahr schlüpfen die Raupen.

Steckbrief
Name: Alpenapollo *(Parnassius phoebus)*
Größe: Flügelspannweite 5 bis 6 cm
Aussehen: weißlich-gelb mit schwarzen und roten Flecken
Nahrung: Wichtigste Futterpflanze der Raupen ist der Fetthennen-Steinbrech, Schmetterlinge saugen Nektar besonders gern an violetten Blüten.

Die Gämse und der Steinbock

Ein sonniger Hang mit Horsten von Blaugras, in Felsspalten blühendes Edelweiß oder eine Senke, in der Alpen-Astern, Bergbaldrian und Gletscherhahnenfuß wachsen – auch so können Wiesen im Hochgebirge aussehen! Zwischen Felsen und Geröll konzentriert sich das Leben auf kleine grüne Oasen. Für Gämse und Steinbock sind diese alpinen Mini-Wiesen besonders wichtig: Hier finden sie nahrhafte Gräser und Kräuter.

Kletterkünstler: die Gämse

Wenn du einer Gämse auf einem Steilhang dabei zuschaust, wie sie springt und klettert, in halsbrecherischem Tempo davonjagt, um gleich darauf artistische Luftsprünge zu vollführen, kann dir schwindelig werden. Für die Ziegenverwandten dagegen ist das dank ihrer besonderen Füße gar kein Problem.

Steckbrief
Name: Gämse *(Rupicapra rupicapra)*
Größe: bis 1,40 m lang
Aussehen: graubraunes Fell, dunkler Strich auf dem Rücken (Aalstrich), Männchen und Weibchen mit bis 25 cm langen Hörnern (Krucken)
Nahrung: Gräser, Kräuter, Blätter, Triebe von Sträuchern, im Winter Flechten und Moos

Spezialausstattung

Als Paarhufer besitzen Gämsen an jedem Fuß zwei Zehen. Die sind lang und spreizbar, die Hufsohle ist bis auf den Rand elastisch. So passen sich Gämsenfüße dem Untergrund perfekt an. Die Ränder der Hufe fransen im Sommer durch das viele Herumklettern leicht aus, das erhöht die Trittsicherheit. Im Winter sind sie scharfkantiger und bieten guten Halt in Eis und Schnee.

Bergkönig: der Steinbock

Steinböcke wagen sich weiter hinauf als jede Gämse, bis in eine Höhe von 3500 Metern! Frühmorgens und gegen Abend verlassen die stolzen Bergkönige ihr felsiges Reich, um Gräser und Kräuter zu fressen.

Steckbrief

Name: Alpensteinbock *(Capra ibex)*
Größe: bis zu 1,50 m Körperlänge, Weibchen etwas kleiner
Aussehen: rötlich braunes Fell, im Winter graubraun; Bock trägt lange Hörner
Nahrung: Gräser, Kräuter, Blätter, Triebe von Sträuchern, im Winter Flechten und Moos

Beobachtungstipp

Bock oder Geiß? Du kannst Steinböcke an ihren Hörnern unterscheiden, die sie übrigens nicht abwerfen wie Hirsche ihr Geweih. Die Hörner wachsen immer weiter. Die der Männchen sind sichelförmig gebogen und können bis zu einem Meter lang werden. Die Hörner der Weibchen sind nur etwa 35 Zentimeter lang.

Kindergarten

Schon wenige Stunden nach ihrer Geburt sind kleine Gämsen fast so trittsicher wie ihre Eltern. Die Kitze werden ein halbes Jahr lang gesäugt, probieren aber bald schon Gräser, Blumen und Kräuter. Sie schließen sich gern zu Gruppen zusammen und tollen gemeinsam herum. Die Großen haben ein wachsames Auge auf sie. Ein Steinadler kann für ein schwaches Jungtier zur Gefahr werden.

Die Feuchtwiese: Von Storchschnäbeln und Hahnenfüßen

Wo vor dem großen Regen eine Wiese war, glitzert im Sonnenlicht plötzlich eine Wasserfläche. In ein paar Stunden wird das meiste Wasser wieder verschwunden sein, aber der Boden bleibt feucht, und im Graben fließt und gluckert es leise. Solch eine Feuchtwiese ist wertvoller Lebensraum. Hier fühlen sich Pflanzen wie Sumpf-Dotterblume und Blutweiderich wohl, denen es nichts ausmacht, wenn sie mal nasse Füße haben. Frösche legen im Wasser ihren Laich ab. In den vor Überschwemmungen sicheren Bereichen brüten seltene Wiesenvögel wie der Kiebitz, und für den Storch ist der Tisch reich gedeckt.

Der Weißstorch

Hörst du das Klappern? Die Störche sind wieder da! Mit lautem Schnabelklappern begrüßen sie sich gegenseitig am Nest. Das liegt in luftiger Höhe, oft auf Schornsteinen oder Hausdächern, denn Störche sind seit Jahrhunderten an die Nähe der Menschen gewöhnt. Sie nutzen auch gern aufgestellte Masten, um ihr großes Nest dort anzulegen.

Langstreckenflieger

Störche sind Zugvögel: Schon im August machen sie sich auf die weite Reise zu ihren Winterquartieren. Viele fliegen fast 10 000 Kilometer weit bis nach Afrika. Manche überwintern auch in Spanien oder im südöstlichen Mittelmeergebiet. Ungefähr im April kehren die Störche wieder zurück. Kein Wunder, dass sie als Frühlingsboten gelten!

Beobachtungstipp

Halte im August mal Ausschau nach „Flugschülern“: Die jungen Störche sammeln sich und kreisen im Aufwind am Himmel, bevor sie wie auf ein geheimes Zeichen ihren ersten Flug in den Süden antreten. Die Altvögel bleiben meist noch etwas länger und fressen sich nach der anstrengenden Aufzucht ihrer Jungen neue Energiereserven an. Eines Tages sind dann auch sie plötzlich fort.

Bei Wind und Wetter

Oben im Nest sind Störche der Witterung schutzlos ausgesetzt. Nach tagelangen Regenfällen kann darin sogar Wasser stehen, dann drohen die Jungen zu ertrinken. Brennt dagegen die Sonne von einem wolkenlosen Himmel, wird es schnell zu heiß. Ein Elternteil bleibt dann mit ausgebreiteten Flügeln stehen und spendet Schatten.

Fester Wohnsitz

Gut, wenn man weiß, wo man landet! Störche nutzen jahrelang immer wieder das gleiche Nest, an dem sie stetig weiterbauen. Im Laufe der Zeit kann es einen Durchmesser von fast zwei Metern erreichen und mehrere Hundert Kilo wiegen. Der Storchenmann ist meist als Erster da und fängt schon mal mit der Renovierung an. Wenige Wochen später kommt das Weibchen dazu. Das Schnabelklappern soll übrigens auch Konkurrenten verscheuchen.

Storchenkinder

Nach der Paarung legt das Weibchen zwei bis fünf Eier. Ungefähr 32 Tage später schlüpfen die Jungen. Sie werden von beiden Elternteilen mit Futter versorgt und wachsen schnell. Würmer, Schnecken und Insekten – der Appetit der kleinen Störche ist kaum zu stillen. Gegen Ende des Sommers wird es dann eng im Kinderzimmer, vor allem, wenn der Nachwuchs die Flügel ausprobiert und die Flugmuskeln trainieren will.

Steckbrief
Name: Weißstorch *(Ciconia ciconia)*
Größe: etwa 1 m hoch, Flügelspannweite bis 2,20 m
Aussehen: weißes Gefieder, schwarze Armschwingen, Schnabel und Beine rot
Nahrung: Würmer, Schnecken, Insekten, Mäuse, Frösche

Wiesenvögel: Die Heimlichtuer

Auf einer Feuchtwiese musst du vor allem von April bis Juli besonders vorsichtig sein: Zwischen Gräsern und Schilfhalmen verbergen sich die Nester seltener Wiesenvögel. Ob Kiebitz oder Wachtelkönig, Braunkehlchen oder Wiesenpieper: Als Bodenbrüter bauen sie ihre Nester in kleinen Mulden direkt auf der Erde. Pass gut auf, wohin du trittst!

Der Kiebitz

Der dunkle Federschopf macht den Kiebitz unverwechselbar. Ebenso sein Ruf, nach dem er benannt ist: „Kiwit-Kiwit" tönt es vor allem zur Paarungszeit im Frühjahr. Der Kiebitz brütet zwar am Boden, ist aber auch ein echter Gaukler der Lüfte. Drehungen um die eigene Achse, Sturzflüge und plötzliche Wendemanöver? Kein Problem! Kiebitzküken sind Nestflüchter: Kaum geschlüpft, folgen sie ihrer Mutter bei der Nahrungssuche. Der Vater bleibt in der Nähe und passt auf. Wer seinem Nachwuchs zu nahe kommt, wird ohne Zögern angegriffen.

Steckbrief:

Name: Kiebitz *(Vanellus vanellus)*
Größe: bis zu 30 cm, Flügelspannweite 75 cm
Aussehen: Rücken und Flügeldecken dunkel, Körperunterseite hell; dunkler Federschopf, beim Männchen länger als beim Weibchen
Nahrung: Würmer, Spinnen, Insekten und deren Larven, Schnecken

Steckbrief

Name: Wiesenpieper *(Anthus pratensis)*
Größe: bis zu 14 cm, Flügelspannweite rund 24 cm
Aussehen: helle Brust mit schmalen dunklen Längsstreifen, Rücken dunkel mit hellerer Zeichnung, heller Augenstrich
Nahrung: Insekten, Spinnen, Würmer, Schnecken, Grassamen

Beobachtungstipp
„Wiesenbrütergebiete“ darfst du nicht betreten. Wenn es Aussichtsplattformen gibt, solltest du sie unbedingt nutzen! Nimm am besten ein Fernglas mit. Hast du einen Hund? Lass ihn beim Gassigehen nicht frei laufen. Hunde stöbern sehr gern Nester auf. Für die Vierbeiner ein Vergnügen, für die Vögel eine Katastrophe!

Das Braunkehlchen
Sein Revier überblickt das Braunkehlchen gern von höheren Stauden wie dem Blutweiderich oder von Schilfstängeln aus. Ob hier ein guter Platz für das Nest ist? Das wird gleich am Fuß der Staude auf den Boden gebaut. Bis zu sieben blaugrüne Eier legt das Weibchen. Es brütet allein – zwei Wochen lang, dann schlüpfen die Küken. Nach weiteren drei Wochen sind die kleinen Braunkehlchen bereits flügge. Im Herbst machen sie sich wie ihre Eltern auf die große Reise nach Afrika, wo sie südlich der Sahara überwintern.

Steckbrief
Name: Braunkehlchen *(Saxicola rubetra)*
Größe: 11 bis 13 cm groß, Flügelspannweite bis 22 cm
Aussehen: Rücken braun mit hellen Einsprengseln, Bauch cremeweiß, Brust und Kehle gelblich-orange
Nahrung: Insekten und deren Larven, Würmer, Schnecken, im Spätsommer auch Beeren

Der Wiesenpieper
Mehr als ein zartes Piepen bekommst du vom Wiesenpieper nicht zu hören. Damit ist schon mal klar, woher der kleine Vogel seinen Namen hat! Kaum ist er im Frühjahr aus seinem Winterquartier im Süden zurück, muss er schon auf der Hut sein: Wiesenpieper gehören zu den Wirtsvögeln des Kuckucks. Die Wiesenpiepereltern passen genau auf, dass ihnen kein Kuckucksei in das mit weicher Pflanzenwolle gepolsterte Nest gelegt wird. Geht alles gut, ziehen sie von April bis Juni zwei eigene Bruten auf.

Die Zwergmaus

Was für ein seltsames Gebilde hängt da zwischen den Halmen? Es sieht aus wie eine hohle Kugel aus Blättern und Gras – und genau das ist es auch! Das kunstvolle Nest hat die Zwergmaus gebaut. Fast eine Woche hat sie dafür gebraucht. Bald wird sie in ihrem weich ausgepolsterten Versteck ihre Jungen zur Welt bringen.

Steckbrief
Name: Eurasische Zwergmaus *(Micromys minutus)*
Größe: knapp 6 cm Körperlänge, Schwanz etwa genauso lang
Aussehen: bräunlich rote oder graue Oberseite, Unterseite weiß
Nahrung: Grassamen, Insekten

Klein, aber oho!

Die Zwergmaus ist das kleinste Nagetier Europas – sie wird nur etwa halb so groß wie eine Hausmaus. Ihr Greifschwanz ist so lang wie ihr Körper und eine ebenso wichtige Kletterhilfe wie die Greifzehen an ihren Pfoten. Flink und geschickt klettert die kleine Maus zwischen Halmen und Stängeln umher. Auf den Boden wagt sie sich nur selten.

Gefahr!

Für jeden Wurf baut die Zwergmaus ein neues Nest. Anders als ein Schlafnest hat es nicht nur eine Öffnung, sondern auch noch eine versteckte zweite. Dieser Notausgang ist überlebenswichtig, denn Mauswiesel, Ringelnattern und Graureiher sind eine ständige Bedrohung.

Beobachtungstipp
Zwergmäuse sind tagsüber und auch nachts unterwegs. Am aktivsten werden sie allerdings in der Morgen- und Abenddämmerung. Zu dieser Zeit hast du die besten Chancen, sie zu Gesicht zu bekommen.

Jede Menge Mäuse
Bis zu sechsmal im Jahr kann die Zwergmaus Nachwuchs bekommen. Etwa drei Wochen dauert die sogenannte Tragzeit, die Zeit bis zur Geburt der Jungen. Bis zu zehn Mäusegeschwister können in einem Wurf sein, im Durchschnitt sind es aber nur vier bis sechs.

Schnellstarter
Neugeborene Zwergmäuse wiegen nur knapp ein Gramm. Anfangs sind sie nackt, blind und völlig hilflos. Aber sie wachsen schnell! Nach gut einer Woche öffnen sie die Augen. Noch werden sie von ihrer Mutter gesäugt, aber ihre Entwicklung geht im Schnelltempo weiter. Im Alter von 18 Tagen verlassen sie das Nest und müssen fortan für sich selbst sorgen.

Schnell weg hier!
Die Mäusemutter hat die Ringelnatter rechtzeitig entdeckt. Rasch bringt sie ihre Jungen in Sicherheit. Die Kleinen fallen dabei in eine Tragstarre. Wenn sie sich nicht bewegen, sind sie leichter zu transportieren.

Das kleine Wiesenvolk

Für die Kleinsten unter den Wiesenbewohnern bedeuten schon wenige Quadratmeter Wiese die große, weite Welt. Wie in Zeitlupe gleitet die Bernsteinschnecke über ein Blatt. Auch Streifenwanzen und Schnellkäfer bewegen sich nicht weit fort. Schmetterlinge wie der Kohlweißling oder das Landkärtchen bleiben in der Nähe ihrer Lieblingsblüten. Du musst gar nicht lange suchen, nur geduldig warten: Über kurz oder lang entdeckst du noch mehr Wiesenwinzlinge um dich herum.

Der Große Kohlweißling

An der dunklen Zeichnung an der Spitze der Vorderflügel kannst du den Großen Kohlweißling von seinem Verwandten, dem Kleinen Kohlweißling, unterscheiden. Beim Großen Kohlweißling erstreckt sich der dunkle Bereich ein ganzes Stück am Flügelrand entlang. Sein kleiner Bruder hat nur einen kleinen Fleck.

Steckbrief
Name: Großer Kohlweißling *(Pieris brassicae)*
Größe: Länge bis 34 mm, Flügelspannweite bis 65 mm
Aussehen: weiße Oberseite, Vorderflügel mit dunkler Spitze, bei Weibchen zwei schwarze Flecken
Nahrung: Raupen fressen an Kreuzblütlern wie Kohlgewächsen oder Wiesen-Schaumkraut, Schmetterlinge trinken Nektar.

Die Bernsteinschnecke

Sie ist noch mehr als andere Schnecken auf Feuchtigkeit angewiesen. Wird ihre Umgebung zu trocken, zieht sie sich in ihr Gehäuse zurück und verschließt es mit einer hauchzarten Schleimhaut.

Steckbrief
Name: Gemeine Bernsteinschnecke *(Succinea putris)*
Aussehen: bernsteingelbes, längliches Gehäuse, leicht durchscheinend
Größe: Gehäuse 15 bis 25 mm lang
Nahrung: Pflanzen und Algen

Beobachtungstipp
Horch mal: Das seltsame Klicken stammt von einer Sumpfschrecke. Anders als andere Heuschrecken zirpt sie nicht. Durch deine Lupe kannst du sehen, wie die Schrecke ihr Hinterbein nach hinten schleudert. Kleine Dornen am Bein werden dabei ruckartig über die Flügel gezogen – das erzeugt den Klicklaut.

Steckbrief
Name: Feuchtwiesen-Schnellkäfer
(Actenicerus sjaelandicus)
Aussehen: länglich-schmaler Körper, grau mit dunkler Zeichnung, lange Fühler
Größe: 12 bis 15 mm
Nahrung: Larven fressen Pflanzenwurzeln, erwachsene Käfer Blätter und Blüten.

Der Feuchtwiesen-Schnellkäfer
Schnellkäfer sind so etwas wie die Artisten der Käferwelt. Wie Kung-Fu-Meister im Film können sie in fast jeder Situation blitzartig hochschnellen und sich weit wegkatapultieren. Sogar aus der Rückenlage! Bei Gefahr stellt sich der Käfer erst mal tot – um dann im allerletzten Moment Verfolger weit hinter sich zu lassen.

Blühstreifen: Zuflucht am Feldrand

Stell dir eine Landschaft aus endlosen Feldern vor, auf denen nur eine einzige Pflanzensorte angebaut wird, Getreide, Kartoffeln oder Mais. Was uns Menschen Nahrung bringt, bedeutet für Tiere eine lebensfeindliche Wüste. Zum Glück haben Landwirte damit begonnen, entlang ihrer Felder sogenannte Blühstreifen mit Wildpflanzen anzulegen. Das ist für viele Insekten wichtig zum Überleben. Oft erstrecken sich diese Blühstreifen an beiden Seiten eines Feldwegs. Hungrige Insekten fliegen von Blüte zu Blüte, im halbhohen Gras findet das Rebhuhn Unterschlupf. Der Feldhamster fühlt sich sicher genug, um seinen Bau zu verlassen und leckere Körner zu suchen. Hase, Hermelin, Feldlerche und Bussard – sie alle können dir am Blühstreifen begegnen.

Der Feldhamster

Huch – ist da eben ein Meerschweinchen über den Feldweg gehuscht? Auf den ersten Blick könnte man das fast denken, aber unser Feldhamster ist nicht mit dem kleinen Nager aus Südamerika verwandt. Sein Name verrät: Er lebt in den Feldern, und zwar unterirdisch in einem weitläufigen Bau. Am liebsten unter einem Kornfeld! Mit einem Blühstreifen vor der Tür ist die Wohnlage perfekt.

Steckbrief
Name: Europäischer Feldhamster *(Cricetus cricetus)*
Größe: 25 bis 32 cm lang, kurzer Schwanz
Aussehen: gelblichbraunes Fell, Bauchseite dunkel, schwarze Knopfaugen, extrem dehnbare Backentaschen
Nahrung: vor allem Körner und Samen, aber auch Wildkräuter

Dicke Backen

Sehr praktisch beim Vorrätesammeln: Ein Feldhamster hat seine Transporttaschen immer dabei. Die Backentaschen sind eine Erweiterung der Mundhöhle und extrem dehnbar. Etwa 50 g Futter passen hinein, das sind ungefähr zwei Esslöffel voll Körner. Um die kalte Jahreszeit zu überstehen, muss der fleißige Sammler in seinem Bau mindestens zwei Kilo Vorräte „hamstern".

Nachwuchs

Dreimal im Jahr kann ein Hamsterweibchen Junge bekommen. Pro Wurf teilen sich bis zu fünf kleine Hamsterbabys das mit Stroh ausgepolsterte Nest. Zunächst sind sie nackt und blind, aber sie entwickeln sich in Rekordzeit: Schon nach drei Wochen sind sie selbstständig und müssen sich ein eigenes Revier suchen.

Hamster in Gefahr

Feldhamster sind akut vom Aussterben bedroht. Immer gründlicher werden die Getreidefelder abgeerntet. Die Hamster können nicht genug Nahrung für den Winter sammeln und finden keine Deckung vor Mäusebussard oder Iltis.

Beobachtungstipp

Wenn dir ein Feldhamster begegnet, hast du großes Glück! Die seltenen Tiere sind sehr scheu. Die besten Chancen hast du nach Sonnenuntergang, denn Hamster sind vorwiegend nachtaktiv. Ihren Bau verlassen sie meist erst in der Dämmerung.

Einzelkämpfer

Hamster sind alles andere als gesellig, Artgenossen werden mit Fauchen, Knurren, Beißen und Kratzen energisch verjagt. Nur zur Paarung finden Männchen und Weibchen kurz zusammen. Das Weibchen kümmert sich danach allein um die Aufzucht der Jungen.

Und im Winter?

Von Oktober bis März halten Feldhamster Winterruhe. Dann sinkt die Körpertemperatur von 38 Grad Celsius auf nur vier Grad ab und das Herz schlägt nur noch etwa zehnmal pro Minute – alles, um möglichst wenig Energie zu verbrauchen. Ungefähr alle fünf Tage jedoch wacht der Hamster auf, weil er fressen muss. Gut, wenn die Vorratskammer gefüllt ist!

Alles meins!

Ein Hamster pro Bau, so lautet das ungeschriebene Hamstergesetz. Mit Wohnhöhle und mehreren Vorratskammern, einer Toilettenkammer, verschiedenen Ein- und Ausgängen und mehreren Fluchtröhren kommt da einiges an Wohnfläche zusammen! Bis zu einem Meter tief liegt der Bau unter der Erde.

Hochbetrieb im Blütenmeer

Insektenglück: Emsig fliegen Wildbienen von Blüte zu Blüte, auf den Dolden der Wilden Möhre tummeln sich Schwebfliegen, und das Heupferdchen zirpt, als gelte es, einen Wettbewerb zu gewinnen. Der Blühstreifen bietet vom Frühjahr bis zum Herbst Nahrung und Unterschlupf. Auch Schmetterlinge wie Distelfalter und Hauhechel-Bläuling freuen sich über nektarreiche Wildblumen. Rainfarn-Blattkäfer, rotschwarze Feuerwanzen – welche Tiere entdeckst du noch?

Der Distelfalter

Wenn du den Distelfalter bei uns siehst, hat er bereits den weiten Flug über die Alpen hinter sich gebracht. Die Elterngeneration hat in Nordafrika überwintert und im Frühjahr an Pflanzen im Mittelmeerraum Eier gelegt. Die Schmetterlinge, die sich daraus entwickelt haben, verbringen den Sommer bei uns. Wie gut, wenn sie nach der langen Reise süßen Nektar trinken können, z. B. an den Blüten der Mariendistel.

Steckbrief
Name: Distelfalter *(Vanessa Cardui)*
Größe: Körperlänge bis 30 mm, Flügelspannweite bis 60 mm
Aussehen: orangebraun, dunkle Flügelspitzen mit weißen Flecken
Nahrung: Nektar, auch Obstsäfte

Die Feuerwanze

Die auffällig gefärbten Wanzen verständigen sich über verschiedene Duftstoffe miteinander. Mit dieser „Duftsprache" weisen sie sich auf gute Futterquellen oder Gefahren hin. Feuerwanzen kannst du übrigens auch an Laubbäumen finden.

Beobachtungstipp

Schmetterlinge fliegen nicht nur auf süßen Nektar, sie nehmen auch Säfte aus reifem Obst sowie Mineralien aus feuchten Bodenstellen, Aas und Exkrementen auf. Dort kannst du sie gut beobachten! Sogar von menschlichem Schweiß werden Falter manchmal magisch angezogen.

Die Schwebfliege

300 Flügelschläge in einer Sekunde – das irrwitzige Tempo ermöglicht es dem kleinen Insekt, fast reglos in der Luft zu schweben. Wie eine Libelle kann es pfeilschnell vor- und rückwärts fliegen. Die schwarz-gelbe Zeichnung erinnert an eine Wespe. Aber Schwebfliegen können nicht stechen. Sie ernähren sich von Nektar und Pollen und gehören neben den Bienen zu den wichtigsten Bestäubern.

Steckbrief
Name: Große Schwebfliege *(Syrphus ribesii)*
Größe: bis 13 mm groß
Aussehen: gelbe Streifen auf schwarzem Hinterleib
Nahrung: Nektar und Pollen, Larven fressen Blattläuse.

Steckbrief
Name: Gemeine Feuerwanze *(Pyrrhocoris apterus)*
Größe: bis 12 mm lang
Aussehen: flacher, nach hinten breiterer Körper, rot mit schwarzer Zeichnung
Nahrung: Die Wanzen saugen Säfte aus Samen und abgestorbenen Pflanzenteilen, Malven mögen sie besonders gern.

Der Feldhase

Pst! Jetzt heißt es leise sein: Die Hasenohren sind gespitzt und hören noch das kleinste Geräusch. Der Feldhase besitzt durch die Stellung seiner Augen zwar eine Rundumsicht von fast 360 Grad. Er ist aber kurzsichtig und verlässt sich lieber auf sein Gehör. Wenn alles ruhig ist, traut er sich aus dem Schutz des Feldes hinaus, um Klee und saftige Kräuter zu fressen. Bei Gefahr sind seine langen Hinterbeine äußerst nützlich: Mit Riesensätzen jagt er davon und schlägt dabei wilde Haken. Entwischt!

Mama kommt

Ein kuschliges Nest brauchen Hasenkinder nicht. Und dabei kommen die ersten kleinen Langohren schon im Januar zur Welt! Sie haben bereits ein Fell und geöffnete Augen. Aneinandergekuschelt liegen sie in der Sasse. Ihre Mutter kommt nur, um sie zu säugen. Als Nestflüchter können die jungen Hasen ihre Sasse bereits nach wenigen Tagen verlassen.

Hase oder Kaninchen?

Hasen und Kaninchen kannst du leicht unterscheiden: Hasen sind größer, haben längere Hinterbeine, längere Ohren und einen eckigen Kopf, die Augen sitzen seitlich. Anders als Kaninchen sind sie Einzelgänger und graben sich auch keinen Bau.

Hart im Nehmen

Ein warmer Bau? Oder wenigstens ein Unterschlupf? Fehlanzeige! Feldhasen sind das ganze Jahr über draußen. Zum Schlafen scharren sie sich einfach eine Kuhle, Sasse genannt, in eine Ackerfurche. Im Winter lässt der Hase sich in seiner Sasse manchmal sogar einschneien!

Beobachtungstipp
Du hast einen einsamen kleinen Hasen entdeckt? Keine Sorge, er ist nicht in Not. Hasenkinder verlassen ihre Sasse immer mal wieder für kurze Zeit, warten aber auf ihre Mutter. Wenn du dich still verhältst, kannst du typisches Hasenverhalten beobachten: ganz klein und platt machen und die Ohren anlegen: „Ich bin eigentlich unsichtbar!“

Steckbrief
Name: Feldhase *(Lepus europaeus)*
Größe: etwa 70 cm lang
Aussehen: bräunliches Fell, lange Ohren, sehr lange Hinterläufe
Nahrung: Gräser, Kräuter, Knollen und Wurzeln, im Winter auch Rinde von Bäumen und Sträuchern

Zeig, was du draufhast!
Auch bei der Partnerwahl sind Hasen nicht zimperlich: Bevor sich die Häsin für einen Kandidaten entscheidet, muss der seine Fitness und Ausdauer in Wettläufen und Boxkämpfen unter Beweis stellen. Dabei prügeln die Hasen mit den Vorderpfoten aufeinander ein, dass die Fellfetzen fliegen.

Gefiederte Feldbewohner
Auch Vögel sind in den Feldern und den angrenzenden Blühstreifen zu Hause. Die Feldlerche nistet am Boden zwischen Kräutern und Gräsern. Sie steigt fast senkrecht in die Luft auf und singt dabei sogar – ein Kraftakt! Der Feldsperling ist etwas kleiner als der Haussperling. Er brütet gern in Baumhöhlen und sucht sein Futter auf den Kornfeldern.

Das Rebhuhn und die Wachtel

Hühner im Feld? Tatsächlich, die gibt es! Rebhühner gehören zu den Hühnervögeln. Als typische Laufvögel schreiten sie lieber aus, statt ihre Flügel zu benutzen. Aber wenn es brenzlig wird, können sie plötzlich auffliegen und dir dabei einen ganz schönen Schrecken einjagen. Denn weil Rebhühner perfekt getarnt sind und sich gern verbergen, siehst du sie oft erst im letzten Moment.

Steckbrief
Name: Rebhuhn *(Perdix perdix)*
Größe: bis 30 cm lang, Flügelspannweite etwa 50 cm
Aussehen: unscheinbar braun-grau gefiedert, Hals und Gesicht rostrot, rundlicher Körper
Nahrung: Insekten, Würmer, Samen, Gras, Blätter, Kräuter

Reb-reb-reb!
Seinen Namen verdankt das Rebhuhn dem durchdringenden Alarmruf, den es bei Gefahr ausstößt. Im Frühjahr kannst du außerdem die lauten Balzrufe hören, mit denen das Männchen um eine Partnerin wirbt: Kirr-ek! schallt es dann über Felder und Blühstreifen. Hat sich ein Paar gefunden, bleibt es für den Rest des Jahres zusammen.

Großfamilie unterwegs
Kleine Rebhühner sind Nestflüchter. Sobald auch das letzte aus dem Ei geschlüpft ist, machen sich alle zusammen auf die Suche nach Futter. Die Eltern führen die Schar an und zeigen, wo sich Leckerbissen verstecken. Anfangs fressen die Küken fast nur Insekten, später auch pflanzliche Kost. Bis zum nächsten Frühjahr bleiben alle zusammen, dann suchen sich die Jungvögel ein eigenes Revier.

Beobachtungstipp
Wie das Rebhuhn brütet auch die Wachtel ihre Eier am Boden aus, aber wenn du einen Vogel zu Gesicht bekommen willst, brauchst du ein bisschen Glück: Wachteln verstecken sich gern – der dichte Blühstreifen ist ein prima Unterschlupf. Im Winter musst du übrigens nicht Ausschau halten, denn Wachteln sind Zugvögel. Sie überwintern in Afrika.

Die Wachtel
Noch ein Hühnervogel, und zwar unser kleinster: Die Wachtel wird nur knapp 17 cm groß. Schon im Mittelalter wurde sie wegen ihres Fleisches und ihrer Eier gejagt. Das ist heute verboten, aber es gibt gezüchtete Wachtelarten, die wie Hühner als Nutztiere gehalten werden.

Steckbrief
Name: Wachtel *(Coturnix coturnix)*
Größe: etwa 17 cm lang, Flügelspannweite knapp 34 cm
Aussehen: braun-grau und schwarz gefiedert mit hellen Sprenkeln
Nahrung: Insekten, Samen und Körner

Fleißig!
Die Henne scharrt eine Nistmulde in den Boden, die sie mit Gras und Heu auspolstert. Dann legt sie ihre Eier – nicht drei oder vier wie bei den meisten Vögeln, sondern bis zu 30 Stück! Im Durchschnitt sind es aber weniger. Das Brüten übernimmt die Henne allein. Ungefähr 24 Tage dauert es, bis die Küken schlüpfen. Nach zwei Wochen sind sie bereits flügge.

Die Viehweide: Wildes Leben zwischen Kuhfladen

Hast du schon mal von einer Fettwiese gehört? So werden Wiesen genannt, die mehrmals im Jahr gedüngt und reichlich mit Nährstoffen versorgt werden. Echt fett! Das Gras ist besonders grün und üppig, dafür gibt es weniger Kräuter und Blumen. Meist werden Fettwiesen als Weiden genutzt. Aber auch dort, wo Kühe, Schafe und Pferde grasen, leben noch viele andere Tiere. Manche wie der Maulwurf oder die Wühlmaus halten sich am liebsten im Untergrund auf. Andere wie die Goldfliege und die Mistkäfer haben sich auf die Hinterlassenschaften der Weidetiere spezialisiert – Kuhfladen sind für sie ein wunderbarer Ort. Das glaubst du nicht? Lass dich überraschen und schau auf den folgenden Seiten mal ganz genau hin!

Der Maulwurf

Lockere Erde ist etwas Feines, jedenfalls aus Maulwurfsicht, vor allem, wenn weder Beton noch Asphalt unvermittelt den Weg versperren. Auf Wiesen und Weiden kann ein Maulwurf sich herrlich durchgraben! Das macht er übrigens nicht mit seinem Maul: Sein Name leitet sich von dem alten Wort „Molte" für Erde ab. Kleine Hügel bringen dich auf die Spur des pelzigen Erdarbeiters.

Steckbrief
Name: Europäischer Maulwurf *(Talpea europaea)*
Größe: etwa 15 cm, Schwanz bis zu 3 cm
Aussehen: schwarzgraues samtiges Fell, Vorderpfoten schaufelartig vergrößert mit langen Grabkrallen
Nahrung: Regenwürmer, Asseln, Käfer, Engerlinge

Schaufeln, Wühlen, Graben

Die großen Vorderpfoten mit den langen Krallen sind kräftige Werkzeuge: Bis zu sieben Meter Tunnel schafft ein Maulwurf damit in einer Stunde! Der kleine Kerl wühlt sich regelrecht in die Erde. Da ist es sehr praktisch, dass sein Fell keinen Strich besitzt: Die Härchen können sich in alle Richtungen legen. So bleiben kaum Erdkrumen darin hängen.

Ungesellig

Maulwürfe sind Einzelgänger. Nur zur Paarung tun sie sich zusammen, danach kümmert sich das Weibchen allein um den Nachwuchs. In der mit Heu ausgepolsterten Nestkammer bringt sie vier bis sechs Junge zur Welt. Spätestens nach zwei Monaten sind die kleinen Maulwürfe so selbstständig, dass sie sich ein eigenes Revier suchen.

Beobachtungstipp

Folge der Kette von Maulwurfshügeln in der Wiese: Meist kannst du ganz deutlich erkennen, wo die Gänge verlaufen und wo der Maulwurf umgekehrt ist. Hier war die Erde entweder zu hart oder Hindernisse wie Steine oder ein befestigter Weg hinderten ihn am Weiterkommen.

Wer war das?!

Maulwürfe wagen sich selten ans Tageslicht. Sie sind fast blind, aber dank hochempfindlicher Tasthaare spüren sie kleinste Erschütterungen. Rieselt Erde in ihren Tunnel, merken sie das. Für gewöhnlich richten zerstörte Hügel aber keinen Schaden an. Sie liegen leicht versetzt über dem eigentlichen Gang, weil der Maulwurf bei seinen Grabungsarbeiten die Erde immer etwas schräg nach oben drückt.

Lecker!

Kontrolle ist alles: Immer wieder läuft der Maulwurf seine Gänge ab und sammelt kleine Tiere auf, die ihm aus dem Erdreich vor die Schnauze fallen. Regenwürmer sind seine Leibspeise, aber auch andere Bodentiere wie Asseln oder Käferlarven frisst er gern. Für den Winter lagert er sogar Vorräte ein.

Von goldenen Fliegen und seltenen Spinnern

Kaum stehst du eine Weile am Weidezaun, wirst du von Fliegen umschwirrt. Das kann ganz schön lästig sein, vor allem, wenn eine dicke Rinderbremse an dein Blut will! Aber bei genauem Hinsehen entpuppen sich die kleinen Quälgeister als faszinierende Spezialisten, die die Wiese und die Tiere darauf für sich zu nutzen wissen. Nicht nur Fliegen tummeln sich hier, sondern auch Käfer und Schmetterlinge. Mit etwas Glück triffst du sogar den seltenen Löwenzahnspinner!

Der Löwenzahnspinner

Hast du schon mal von Wiesenspinnern gehört? Zu dieser Schmetterlingsfamilie zählt der Löwenzahnspinner. Bei uns ist er sehr selten geworden. Das kurze Leben dieser Falter dient nur dazu, sich zu paaren und Eier abzulegen. Ist das geschafft, sterben sie bald. Weil sie keinen Saugrüssel haben, können sie keine Nahrung zu sich nehmen.

Die Rinderbremse

Wie das juckt! Ein Bremsenstich ist wirklich fies. Manche Insektenweibchen brauchen eine stärkende Blutmahlzeit, um Eier ablegen zu können, auch die Rinderbremse. Damit sie das Blut leichter saugen kann, spritzt sie eine Art Gerinnungshemmer in die Haut ihres Opfers. Das verursacht den lästigen Juckreiz. Rinderbremsen sind häufig auf Viehweiden anzutreffen. Ihre Eier legen sie an Pflanzen, in Gräben oder an feuchten Stellen am Wegrand ab.

Steckbrief
Name: Rinderbremse *(Tabanus bovinus)*
Größe: 12 bis 20 mm lang
Aussehen: dunkle braungraue Färbung, hellere Flecken auf dem Rücken
Nahrung: Weibchen trinken Blut, Männchen saugen Nektar an Blüten.

Steckbrief
Name: Löwenzahnspinner *(Lemonia taraxaci)*
Größe: bis zu 3 cm lang, Flügelspannweite 4 bis 6 cm, Männchen kleiner als Weibchen
Aussehen: braungelb behaarter Körper, gelbliche Flügel
Nahrung: Raupen fressen Blätter von Löwenzahn und Habichtskraut, erwachsene Falter nehmen keine Nahrung zu sich.

Steckbrief
Name: Goldfliege *(Lucilia sericata)*
Größe: 6 bis 11 mm lang
Aussehen: goldgrün glänzend
Nahrung: Blütennektar, Honigtau, aber auch Kot und Aas

Beobachtungstipp

Von März bis Oktober dauert die Flugzeit des Tagpfauenauges. Schau dir die Flecken auf seinen Flügeln an: Sie wirken wie die Augen eines größeren Tieres und sollen Fressfeinde einschüchtern.

Die Goldfliege

Manche Insekten fliegen auf alles, worüber du eher die Nase rümpfst: Die Goldfliege findet Kuhfladen unwiderstehlich. Darin legt sie ihre Eier ab. Die rosafarbenen Larven ernähren sich von den pflanzlichen Überresten im Fladen. Später kriechen sie in den Boden und verpuppen sich dort. Erwachsene Goldfliegen tupfen mit ihrem langen Rüssel gern Blütennektar oder die süßen Ausscheidungen von Blattläusen, den Honigtau, auf.

Die Raupen des Tagpfauenauges leben häufig an Brennnesseln.

Der Gemeine Dungkäfer legt seine Eier in den Mist von Kühen, Pferden oder Schafen. Allein in einem Kuhfladen können mehr als 200 verschiedene Insektenarten vorkommen – ein richtiger Öko-Hotspot!

Die Feldmaus

Da – ein Mauseloch! Wo eines ist, gibt es auch ein zweites ... und noch eines ... und garantiert zahllose weitere. Hat sich eine Mäusekolonie erst mal eingerichtet, sieht der Boden regelrecht durchlöchert aus. Und schon streift der Rotfuchs über die Wiese. Er ist ein großer Mäusejäger. Auch der Mäusebussard hält Ausschau: Ob sich eine unvorsichtige Feldmaus zeigt?

Steckbrief
Name: Feldmaus *(Microtus arvalis)*
Größe: Körperlänge bis 10 cm, Schwanzlänge bis 4 cm
Aussehen: helles graubraunes Fell, Bauchseite weißlich, Ohren relativ klein
Nahrung: Gras, Kräuter, Getreide, zarte Wurzeln

Beobachtungstipp
Hausmaus oder Feldmaus? Wenn du dir nicht sicher bist, achte auf den Schwanz: Bei Hausmäusen und allen Echten Mäusen ist er lang. Feldmäuse hingegen gehören zu den Wühlmäusen, deren Schwanz ist deutlich kürzer.

Selbst gewühlt!
Ungefähr einen halben Meter unter der Erde liegt das Tunnelsystem der Feldmäuse. Weitverzweigte Gänge verbinden Kammern sowie Ein- und Ausgänge. Aber auch oberirdisch sind die Nager unterwegs. Regelrechte Trampelpfade führen von einem Loch zum anderen. Bei Gefahr lässt sich eine Feldmaus einfach durch eine Fallröhre in den Bau plumpsen.

Im Zweistundentakt
Das Feldmausleben ist genau eingeteilt in Ruhe- und Fresszeiten. Etwa alle zwei Stunden müssen die Tiere Nahrung zu sich nehmen, danach folgt eine zweistündige Ruhepause. Pro Tag verdrückt eine Feldmaus ungefähr ein Zehntel ihres Körpergewichts. Gräser, Kräuter und Feldfrüchte schmecken ihr. Im Winter frisst sie auch unterirdische Pflanzenteile wie Wurzeln.

Mäusejäger
Geduldig kreist der Mäusebussard über der Wiese. Seine Vorliebe für Feldmäuse spiegelt sich sogar in seinem Namen wider. Mit scharfen Augen erspäht er jede Bewegung unten im Gras. Im Sturzflug stößt er nieder und packt sein Opfer mit den Krallen.

Nachwuchs
Nach einer Tragzeit von etwa drei Wochen werden bis zu acht Mäusebabys geboren. Zuerst sind sie nackt und blind, doch es dauert nur 34 Tage, bis aus den hilflosen Babys erwachsene Mäuse geworden sind, die sich einen eigenen Bau in die Erde wühlen. Eine Mäusemutter hat mehrmals im Jahr Junge. Weibchen sind schon mit 13 Tagen geschlechtsreif und können alle drei Wochen Nachwuchs bekommen.

Rätselhafte Mäusejahre
Alle drei bis fünf Jahre gibt es ein sogenanntes Mäusejahr. Dann kommt es zu einer massenhaften Vermehrung. Genauso plötzlich ist der Spuk vorbei und die Anzahl der Mäuse geht wieder zurück. Ein bis heute rätselhaftes Wunder der Natur.

Auf der Streuobstwiese: Im Reich von Fledermaus und Kauz

Birnen, Äpfel, Nüsse, Pflaumen und andere leckere Früchte wachsen auf der Streuobstwiese. Zwischen den Bäumen wird das Gras nur selten gemäht. Wildblumen und Kräuter können hier wachsen, selten gewordene Tiere finden Nahrung und Unterschlupf. Im leeren Nistkasten hat sich der Siebenschläfer eingerichtet, der am liebsten in der Nacht unterwegs ist. Vielleicht hat ihn der laute Ruf des Grünspechts geweckt, der im Gras nach Ameisen sucht. Der Steinkauz hat es eher auf Mäuse abgesehen. In der Wiese sind der Weberknecht mit seinen langen Beinen und auch die Hain-Bänderschnecke unterwegs. In der Abenddämmerung verlässt die Zwergfledermaus ihre Baumhöhle. Mit etwas Glück kannst du sogar noch andere Fledermäuse bei der Jagd auf Insekten beobachten.

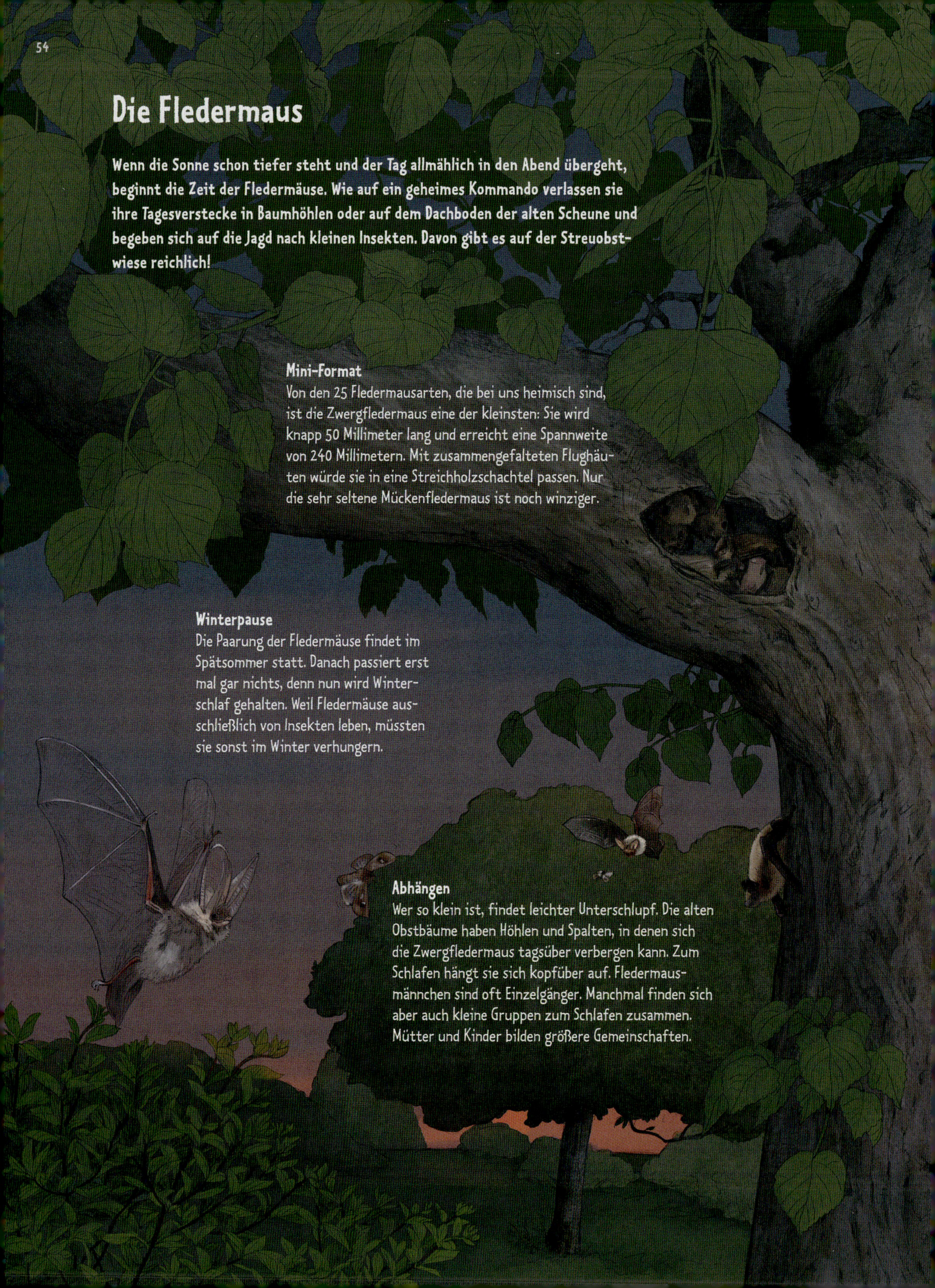

Die Fledermaus

Wenn die Sonne schon tiefer steht und der Tag allmählich in den Abend übergeht, beginnt die Zeit der Fledermäuse. Wie auf ein geheimes Kommando verlassen sie ihre Tagesverstecke in Baumhöhlen oder auf dem Dachboden der alten Scheune und begeben sich auf die Jagd nach kleinen Insekten. Davon gibt es auf der Streuobstwiese reichlich!

Mini-Format
Von den 25 Fledermausarten, die bei uns heimisch sind, ist die Zwergfledermaus eine der kleinsten: Sie wird knapp 50 Millimeter lang und erreicht eine Spannweite von 240 Millimetern. Mit zusammengefalteten Flughäuten würde sie in eine Streichholzschachtel passen. Nur die sehr seltene Mückenfledermaus ist noch winziger.

Winterpause
Die Paarung der Fledermäuse findet im Spätsommer statt. Danach passiert erst mal gar nichts, denn nun wird Winterschlaf gehalten. Weil Fledermäuse ausschließlich von Insekten leben, müssten sie sonst im Winter verhungern.

Abhängen
Wer so klein ist, findet leichter Unterschlupf. Die alten Obstbäume haben Höhlen und Spalten, in denen sich die Zwergfledermaus tagsüber verbergen kann. Zum Schlafen hängt sie sich kopfüber auf. Fledermausmännchen sind oft Einzelgänger. Manchmal finden sich aber auch kleine Gruppen zum Schlafen zusammen. Mütter und Kinder bilden größere Gemeinschaften.

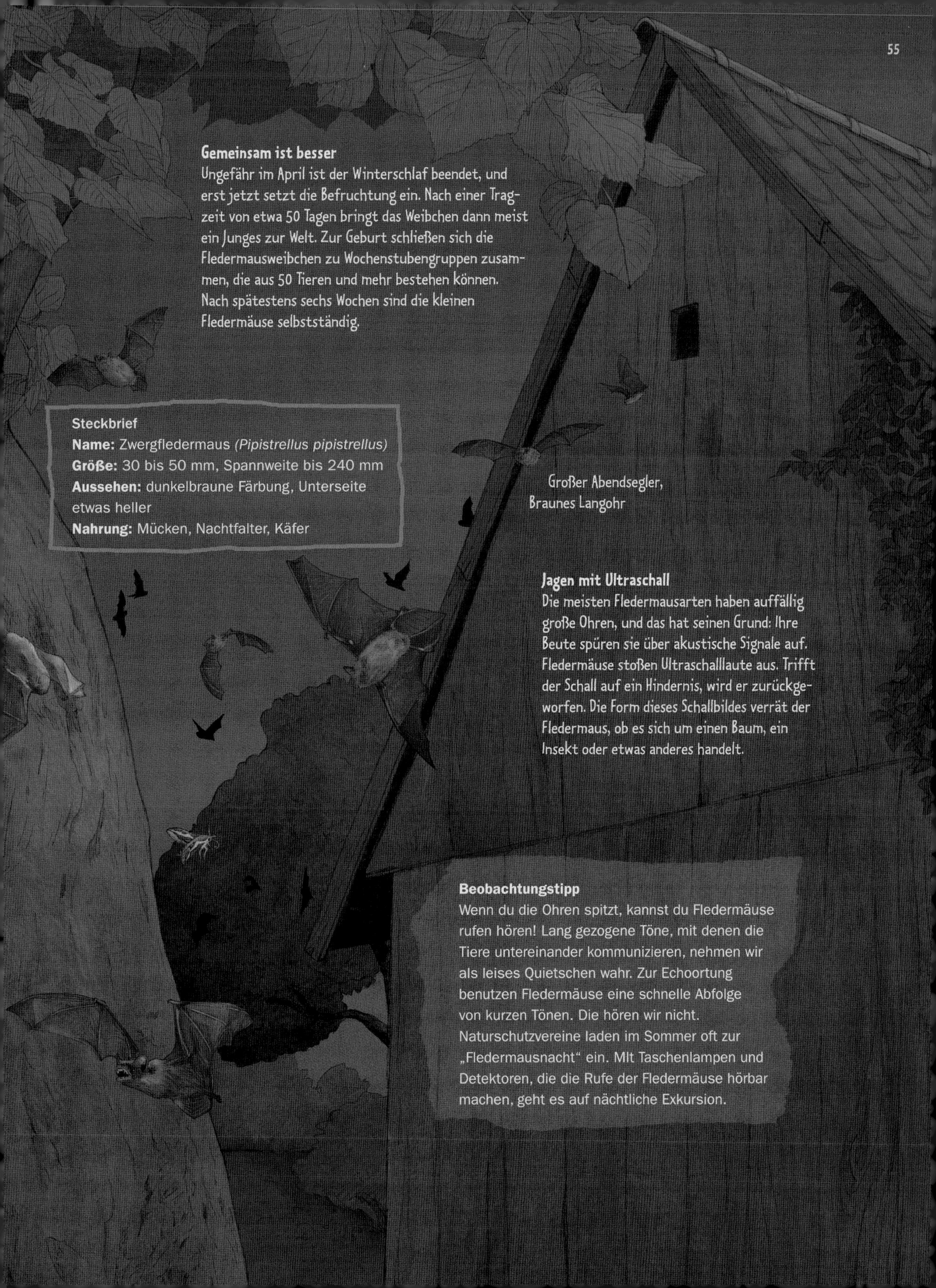

Gemeinsam ist besser

Ungefähr im April ist der Winterschlaf beendet, und erst jetzt setzt die Befruchtung ein. Nach einer Tragzeit von etwa 50 Tagen bringt das Weibchen dann meist ein Junges zur Welt. Zur Geburt schließen sich die Fledermausweibchen zu Wochenstubengruppen zusammen, die aus 50 Tieren und mehr bestehen können. Nach spätestens sechs Wochen sind die kleinen Fledermäuse selbstständig.

Steckbrief
Name: Zwergfledermaus *(Pipistrellus pipistrellus)*
Größe: 30 bis 50 mm, Spannweite bis 240 mm
Aussehen: dunkelbraune Färbung, Unterseite etwas heller
Nahrung: Mücken, Nachtfalter, Käfer

Großer Abendsegler, Braunes Langohr

Jagen mit Ultraschall

Die meisten Fledermausarten haben auffällig große Ohren, und das hat seinen Grund: Ihre Beute spüren sie über akustische Signale auf. Fledermäuse stoßen Ultraschalllaute aus. Trifft der Schall auf ein Hindernis, wird er zurückgeworfen. Die Form dieses Schallbildes verrät der Fledermaus, ob es sich um einen Baum, ein Insekt oder etwas anderes handelt.

Beobachtungstipp

Wenn du die Ohren spitzt, kannst du Fledermäuse rufen hören! Lang gezogene Töne, mit denen die Tiere untereinander kommunizieren, nehmen wir als leises Quietschen wahr. Zur Echoortung benutzen Fledermäuse eine schnelle Abfolge von kurzen Tönen. Die hören wir nicht. Naturschutzvereine laden im Sommer oft zur „Fledermausnacht“ ein. MIt Taschenlampen und Detektoren, die die Rufe der Fledermäuse hörbar machen, geht es auf nächtliche Exkursion.

Der Grünspecht

Der große Nussbaum hat viele Astlöcher. Eins davon ist genau richtig für den Grünspecht! Er mag alte Bäume mit möglichst dicken Stämmen. Schon im zeitigen Frühjahr haben Männchen und Weibchen das Loch zu einer Höhle vergrößert. Die Streuobstwiese ist ein guter Ort, um Junge aufzuziehen, denn hier lassen sich jede Menge Ameisen aufpicken – und die sind die Leibspeise der auffällig grün gefärbten Vögel.

Schön grün

Der Grünspecht ist ein echter Hingucker: Sein Rücken leuchtet grün, der Bauch eher gelblich und oben auf dem Kopf prunken rote Federn. Männchen und Weibchen sehen fast gleich aus. Aber in einem winzigen Detail kannst du sie unterscheiden: Das Weibchen hat einen schwarzen Wangenfleck, beim Männchen ist er rot mit schwarzem Rand.

Arbeitsteilung

Nachdem das Weibchen fünf bis sieben weiße Eier gelegt hat, wechselt es sich mit dem Männchen beim Brüten ab. Zweieinhalb Wochen kann es dauern, bis das erste Junge schlüpft. Die kleinen Spechte bleiben 25 Tage im Nest. Danach halten sie sich noch einige Zeit in der Nähe der Eltern auf, die sie weiterhin füttern.

Auf die Zunge kommt es an

Wie holt man Ameisen aus ihrem unterirdischen Nest? Mit einem spitzen Schnabel und einer langen Zunge! Die wird beim Grünspecht bis zu zehn Zentimeter lang. Ameisen und ihre Larven bleiben einfach daran kleben.

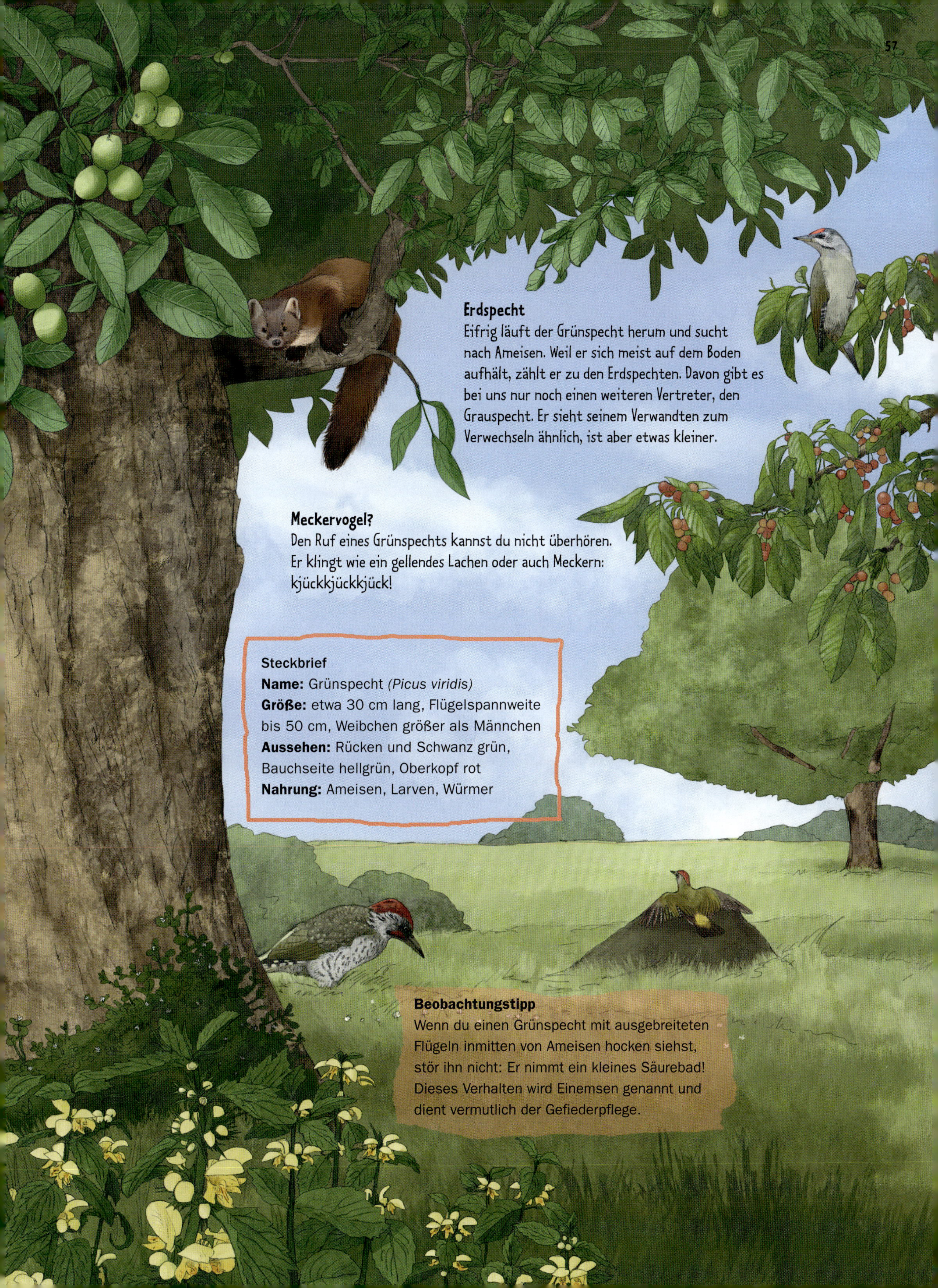

Erdspecht
Eifrig läuft der Grünspecht herum und sucht nach Ameisen. Weil er sich meist auf dem Boden aufhält, zählt er zu den Erdspechten. Davon gibt es bei uns nur noch einen weiteren Vertreter, den Grauspecht. Er sieht seinem Verwandten zum Verwechseln ähnlich, ist aber etwas kleiner.

Meckervogel?
Den Ruf eines Grünspechts kannst du nicht überhören. Er klingt wie ein gellendes Lachen oder auch Meckern: kjückkjückkjück!

Steckbrief
Name: Grünspecht *(Picus viridis)*
Größe: etwa 30 cm lang, Flügelspannweite bis 50 cm, Weibchen größer als Männchen
Aussehen: Rücken und Schwanz grün, Bauchseite hellgrün, Oberkopf rot
Nahrung: Ameisen, Larven, Würmer

Beobachtungstipp
Wenn du einen Grünspecht mit ausgebreiteten Flügeln inmitten von Ameisen hocken siehst, stör ihn nicht: Er nimmt ein kleines Säurebad! Dieses Verhalten wird Einemsen genannt und dient vermutlich der Gefiederpflege.

Die Obstwiesen-Bande: Steinkauz, Igel, Siebenschläfer

Die Äpfel, Birnen und Pflaumen sind reif! Auf der Streuobstwiese finden sich jetzt auch die Tiere ein, die keine reinen Vegetarier sind. Wespen lieben den süßen Obstsaft, saftiges Fallobst schmeckt sogar dem Igel. Der Siebenschläfer klettert geschickt im Baum herum und beißt die leckersten Früchte an. Nur der Steinkauz macht sich nichts aus Obst. Er hat die Maus im Blick, die rasch im Holzhaufen verschwindet. Den hat sich auch der Igel schon als Winterquartier ausgesucht. Der Zitronenfalter wird hier ebenfalls Unterschlupf finden. Aber noch ist der Wiesensommer nicht zu Ende!

Steckbrief
Name: Siebenschläfer *(Glis glis)*
Größe: Körper bis 20 cm lang, Schwanz 15 cm lang
Aussehen: mausähnlich, mit buschigem Schwanz; graubraunes Fell
Nahrung: Knospen, Blätter, Früchte

Der Siebenschläfer

Kälte mag der Siebenschläfer gar nicht! Das ist einer der Gründe, weshalb er rund acht Monate des Jahres verschläft – von September bis Anfang Mai. Außerdem findet er nur in den Sommermonaten genug Futter. Siebenschläfer verständigen sich untereinander mit einer Menge von Lauten: Sie quieken, pfeifen, fauchen, knurren ... Wenn sie sich auf einem Dachboden eingenistet haben, klingt das wie eine Horde von Poltergeistern.

Der Igel

Rund 8000 Stacheln schützen den Igel vor Angriffen. Bei Gefahr rollt er sich zu einer festen Kugel zusammen, um die empfindliche Bauchseite und den Kopf zu schützen. Die Stacheln sind eigentlich verhornte Haare. Bei uns leben zwei Arten von Igeln: Der Braunbrustigel ist weit verbreitet. Seltener trifft man den Nördlichen Weißbrustigel, der, du ahnst es, an seiner weißen Brust zu erkennen ist.

Steckbrief
Name: Steinkauz *(Athene noctua)*
Größe: bis 22 cm hoch, Flügelspannweite etwa 55 cm
Aussehen: bräunliches Gefieder mit weißen Flecken, kurze runde Flügel, kurzer Schwanz
Nahrung: Mäuse, Würmer, Insekten

Der Steinkauz

Lieber rennen statt fliegen: Der Steinkauz wird nicht viel größer als eine Amsel, dafür ist er der Sprinter unter den Eulen. Tatsächlich jagt er häufig zu Fuß. Wenn er losflitzt, kann er sogar eine Maus einfangen! Steinkäuze nisten gern in den Höhlen alter Bäume, wo sie sich auch tagsüber aufhalten.

Beobachtungstipp

Traust du dich in der Dunkelheit auf die Streuobstwiese? Vielleicht begleitet dich ein Erwachsener dabei. Der Steinkauz hat euch wahrscheinlich längst im Blick, bevor ihr ihn entdeckt. Gähnend verlässt der Siebenschläfer sein Tagesversteck. Lautes Fauchen verrät ein Igelweibchen, das von einem Männchen umworben wird. Wenn ihr euch ganz still verhaltet, zeigen sich noch mehr Tiere der Nacht.

Steckbrief
Name: Braunbrustigel *(Erinaceus europaeus)*
Größe: bis 35 cm lang
Aussehen: auf dem Rücken braune Stacheln mit weißer Spitze, auf der Unterseite helles Fell; spitze Schnauze, schwarze Knopfaugen
Nahrung: Insekten, Würmer, Obst, Eier, Pilze

Lass es blühen!

Wie wäre es, selbst eine Wiese anzulegen? Das geht sogar dann, wenn bei euch im Garten nur wenig Platz ist. Wildblumen wachsen auch auf kleinsten Flächen, im Blumenkasten auf der Fensterbank oder in Töpfen auf der Terrasse. Bienen, Hummeln, Schmetterlinge und andere Insekten freuen sich und werden bald schon Stammgäste sein!

Vorbereitung

Um ein Stück Rasenfläche in eine Wiese umzuwandeln, muss zunächst die Grasnarbe entfernt werden. Lass dir am besten von einem Erwachsenen dabei helfen. Anschließend wird die Erde mit Sand etwas abgemagert, wie Gärtner sagen: Dazu streust du Sand auf und arbeitest ihn mit einer Harke ein. Für die meisten Wildblumen ist ein normaler Gartenboden zu nährstoffreich. Sie mögen es lieber magerer.

Das richtige Saatgut

Im Handel gibt es zahlreiche Mischungen für Wildblumenwiesen. Achte darauf, dass es möglichst heimische Arten sind. Beachte auch, dass Blumen mit gefüllten Blüten keine Hilfe für unsere Insekten sind, da sie kaum Nektar und keine Blütenpollen bieten. Noch ein Tipp: Für zwei Quadratmeter Fläche brauchst du mindestens 10 Gramm Samen.

Aussäen und andrücken

Wenn der Boden schön feinkrümelig gerecht ist, streust du das Saatgut aus. Damit es sich besser verteilt, kannst du es auch noch mit etwas Sand mischen. Anschließend gehst du erneut kurz mit der Harke drüber und harkst es leicht ein. Dann drückst du alles etwas an. Auf dem Beet geht das gut mit einem Brett, für Töpfe und Kästen reicht ein flacher Löffel.

Feucht halten und abwarten

Du musst die Fläche immer schön feucht halten, auch wenn sich erst mal gar nichts tut. Nimm am besten eine Gießkanne mit feinem Brauseaufsatz. Vier bis sechs Wochen kann es dauern, bis sich die ersten zarten Keimlinge zeigen.

Ohne Mähen geht es nicht

Eine Wildblumenwiese muss nur ein- bis zweimal im Jahr gemäht werden, etwa in der zweiten Junihälfte und Ende August. Einen Quadratmeter Wiese kannst du noch mit der Blumenschere schneiden, bei einer größeren Fläche muss ein Erwachsener ran! Und im nächsten Jahr überrascht dich deine Wiese vielleicht, weil sie plötzlich ganz anders aussieht: Manche Wildblumen blühen erst im zweiten Jahr.

Mini-Wiesen

In Kästen und Töpfen lassen sich ebenfalls Wildblumen aussäen. Auch hier mischst du die Pflanzerde am besten mit etwas Sand. Achte darauf, nicht zu viel Samen auszubringen, weniger ist oft mehr. In kleinen Gefäßen trocknet die Erde rascher aus als im Garten, gieß also besonders regelmäßig.

Selbst gesammelt!

Hast du Lust, ein bisschen zu experimentieren? Du kannst selbst Samen sammeln von reifen Gräsern, Wildstauden, Kräutern und Blumen am Wegesrand. Natürlich erntest du keine geschützten Sorten. Auf Almwiesen stehen fast alle Pflanzen unter Schutz. Probier es mal mit den Samen von Margerite, Schafgarbe, Wiesensalbei oder Wilder Malve und lass dich überraschen, was daraus wird.

Register

Inhalt